Klemmentinis zu Weihnachten

Die Klemmentinis verbreiten Weihnachtsstimmung im ganzen Haus: Süße Engelchen in güldenem Gewand halten sich an der Gardine fest, auf einem Zweig sitzen treuherzige Elche und an Windlichtern auf dem Tisch klemmen weihnachtliche Tannen und ein frecher Wichtel. Aus Holz-Wäscheklammern, Farbe, Papier und Draht können Sie ganz einfach niedliche Advents- und Weihnachtsfiguren basteln, die sich perfekt als Christbaumschmuck und Geschenkanhänger eignen. Da kann Weihnachten ruhig kommen!

Herzlich,

Die Motive lassen sich in folgende Schwierigkeitsgrade unterteilen:

● ○ ○ einfach ● ● ○ etwas schwieriger ● ● ● anspruchsvoll

MATERIAL

- Wäscheklammern aus Holz, 2,5 cm, 4,5 cm und 7,5 cm lang
- Fotokarton, Alu-Karton
- Acrylfarben
- Glitter Glue in Gold und Silber
- Strukturschnee
- verschiedene Kordeln
- Papierdraht, geglühter Blumendraht, Messing- und Silberdraht
- Abacafaser, Flowerhair
- Holzperlen, Marionettenfüße
- Wackelaugen
- Filz
- Pompons

WERKZEUGE UND HILFSMITTEL, die bei fast allen Modellen benötigt werden.

- Karton und Transparentpapier (für Schablonen)
- Bleistift
- Schere, Cutter mit Schneideunterlage
- altes Obstmesser
- Hammer
- Alleskleber, z. B. UHU
- Vorstechnadel, Lochzange
- Seitenschneider (Draht abschneiden)
- Schaschlikstäbchen, ø 3 mm (Drahtspiralen)
- Pinzette (zum exakten Positionieren der Wackelaugen)
- Haarpinsel Nr. 2 und Nr. 4
- Borstenpinsel Nr. 6 (Strukturschnee auftragen)
- feiner Filzstift in Rot und Schwarz
- Tuschefüller in Schwarz, ø 0,2 mm
- Buntstift in Rot
- Deko-Stift in Weiß (Filzstift, mit dem man auf Holz malen kann)

Hinweis: Da die Motive klein sind, genügen für die Herstellung Papier- oder Filzstücke kleiner als A5.

So wird's gemacht

Wäscheklammern bemalen

Es werden drei Größen (2,5 cm, 4,5 cm und 7,5 cm) verwendet. Die Klammern entweder zerlegen, bemalen und wieder zusammenbauen oder als ein Teil bemalen. Der Fachhandel bietet auch bereits gefärbte Klammern in Rot, Blau, Grün und Gelb an.

Tipp: Das Bemalen der zerlegten Klammer ermöglicht einen gleichmäßigen Farbauftrag ringsum. Das Zerlegen und Zusammenbauen setzt jedoch eine gewisse Geschicklichkeit voraus. Am besten üben Sie es, bevor Sie die Klammer einfärben.

Schablonen anfertigen und Motive übertragen

Die Motivteile vom Vorlagenbogen ohne Überschneidungen nebeneinander mit Bleistift auf Transparentpapier abpausen. Das Transparentpapier auf einen Kartonrest kleben und die Motivteile ausschneiden. Das sind Ihre Schablonen. Diese Schablonen auf Fotokarton oder Filz in der gewünschten Farbe legen, die Umrisse mit Bleistift oder Filzstift nachziehen und die Teile ausschneiden. Wie die Teile zusammengeklebt werden, entnehmen Sie dem Vorlagenbogen bzw. der entsprechenden Abbildung.

Gesichter

Die Gesichter entweder frei Hand mit Bleistift leicht vorzeichnen und dann mit einem feinen schwarzen Filzstift oder einem Tuschefüller (ø 0,2 mm) nachzeichnen. Oder die Gesichter von der Vorlage auf Transparentpapier abpausen. Die Linien auf der Rückseite des Transparentpapiers mit weichem Bleistift einstreichen. Das Transparentpapier auf das Werkstück legen und die Linien nachziehen. Dadurch übertragen sich die Bleistiftlinien der Papierrückseite auf den Fotokarton und können dann mit Filzstift oder Tuschefüller nachgezogen werden. Die Wangen mancher Motive mit Buntstift röten. Lichtpunkte in den Augen mit dem weißen Deko-Stift oder der Spitze eines Drahtes und weißer Acrylfarbe setzen.

Holzperlen spalten

Für manche Motive werden als Nasen halbe Holzperlen benötigt. Dazu die Holzperle auf eine Schneideunterlage legen, die Klinge eines alten Messers auflegen und mit einem leichten Hammerschlag die Perle spalten.

Wackelaugen ankleben

Die kleinen Wackelaugen mit der Pinzette aufnehmen, mit Klebstoff bestreichen und dann auf dem Motiv platzieren. So treffen Sie garantiert die richtige Stelle.

Drahtspiralen anfertigen

Den Draht gleichmäßig um ein Schaschlikstäbchen wickeln, abstreifen und auf die gewünschte Länge dehnen.

Sterne-Adventskalender

→ tägliche Wunscherfüllung

MOTIVHÖHE
ca. 9 cm und 14 cm (ohne Säckchen)

MATERIAL
- 24 Wäscheklammern, 7,5 cm lang
- 24 Mini-Wäscheklammern in Gold, 2,5 cm lang
- Fotokarton in Weiß
- Alukarton in Gold
- Acrylfarbe in Weiß
- Glitter Glue in Gold
- 48 Wackelaugen, ø 5 mm
- Filz in Weiß, pro Säckchen 11 cm x 6,5 cm oder 11 cm x 8 cm
- Nähmaschine
- Lurexkordel in Gold, ø 2 mm, ca. 1 m lang

VORLAGENBOGEN 1A

1 24 große goldene und 24 kleine weiße Sterne zuschneiden. Auf die großen Sterne mit der Pinzette die Wackelaugen aufbringen und das Gesicht aufzeichnen. Die Ränder mit Glitter Glue nachziehen. Die Zahlensterne mit den ebenfalls mit Glitter Glue verzierten Mini-Wäscheklammern an den Sternen anbringen.

2 Auf die weiß grundierten Wäscheklammern mit Glitter Glue Muster aufmalen und die Lurexkordel durch die Klammerspiralen ziehen. Nun die Sterne aufkleben.

3 Für ein Filzsäckchen den oberen Rand des Filzstückes 1 cm umschlagen (Zeichnung 1 auf dem Vorlagenbogen). Dann den Filz mittig an der senkrechten Strichpunktlinie umklappen; der zuvor nach unten geklappte Rand befindet sich innen (Zeichnung 2 und 3). Das Filzteil entlang der gestrichelten Linie zusammennähen (Zeichnung 4) und wenden (Zeichnung 5). Mit dem Finger auf die Säckchen Glitter Glue auftupfen.

4 Die Klammern an die gefüllten Säckchen anklammern.

Tipp: Statt die Säckchen selbst zu nähen, können Sie auch kleine Papiertüten verwenden, denen Sie mit Glitter Glue einen festlichen Anstrich geben.

Santa Claus

→ Ho Ho Ho!

MOTIVHÖHE
ca. 11 cm bis 14 cm

MATERIAL PRO SANTA CLAUS

- Wäscheklammer, 7,5 cm lang
- Fotokarton in Rot, Hautfarbe und Weiß
- Glimmerfilz in Rot
- Filz in Weiß
- Acrylfarbe in Rot
- Holzperle in Rot, ø 8 mm (halbieren, Nase)
- 2 Wackelaugen, ø 3 mm
- Pompon in Weiß, ø 1,5 cm
- Klebestift

VORLAGENBOGEN 1 B

1 Die Klammer rot bemalen. Das Bart-Haarteil (durchgezogene Linie auf dem Vorlagenbogen), den Schnurrbart (gestrichelte Linie) und das Gesicht (gepunktete Linie) auf Fotokarton übertragen und ausschneiden.

2 Die Umrisse der Schablonen von Mütze und Mützensaum auf roten bzw. weißen Fotokarton übertragen und beide Teile grob ausschneiden. Die Rückseite beider Teile mit Klebestift bestreichen, den gleichfarbigen Filz aufkleben und glatt streichen. Dann erst die Teile zuschneiden.

3 Den Mützensaum und den Pompon mit Alleskleber auf die Mütze kleben.

4 Auf das Bart-Haarteil das Gesicht und darauf Schnurrbart und Nase kleben. Die Wackelaugen anbringen und die Mütze aufsetzen.

5 Abschließend den Kopf in der gewünschten Position auf die Wäscheklammer setzen. Nach Belieben noch das zusammengefügte Schild anbringen.

HERE COMES
SANTA CLAUS

Elch-Trio

→ treuherzig

MOTIVHÖHE
ca. 11 cm

MATERIAL PRO ELCH

- Wäscheklammer, 4,5 cm lang
- Fotokarton in Braun und Beige sowie evtl. Rot und Weiß (Schilder)
- Acrylfarbe in Grün
- 4 Rohholzperlen, ø 1,2 cm
- 2 Wackelaugen, ø 3 mm
- Jutekordel in Braun, ø 2,5 mm, 2 x 8 cm lang
- evtl. geglühter Blumendraht, ø 0,35 mm, 15 cm lang (Schildbefestigung)

VORLAGENBOGEN 1A

1 Die Wäscheklammer grün bemalen. Körper, Schnauze und Geweih sowie evtl. das Schildchen auf Fotokarton übertragen und ausschneiden.

2 Am Kopf von vorne die Schnauze und von hinten das Geweih ankleben. Die Wackelaugen mit einer Pinzette so aufbringen, dass sie das Schnauzenteil berühren. Nun die Nüstern und die Linien an den Ohren aufmalen.

3 Mit der Lochzange die beiden Löcher im Rumpf ausstanzen, die beiden Kordeln jeweils zur Hälfte durchziehen und auf die Enden jeweils eine Holzperle kleben.

4 Den Elch auf die bemalte Wäscheklammer kleben.

5 Für die Schildbefestigung den Draht um ein Schaschlikstäbchen wickeln, abstreifen, etwas dehnen und die Enden durch die Löcher im Schild (mit der Vorstechnadel gestochen) stecken und umbiegen. Dem Elch um den Hals hängen.

I ♥ ELKS
I ♥ SANTAS

Schneemänner

→ gut behütet und gestiefelt

MOTIVHÖHE
ca. 13 cm

MATERIAL PRO SCHNEE-MANN

- Wäscheklammer, 7,5 cm lang
- Fotokarton in Weiß, Rot, Grün, Schwarz und Braun
- Acrylfarbe in Rot oder Grün
- Strukturschnee
- dünne Zweigchen, ca. 10 cm lang
- geglühter Blumendraht, ø 0,35 mm, 20 cm (Zweige bündeln), 2 x 15 cm (Stiefel andrahten) und 10 cm lang (Bündel befestigen)

VORLAGEN-BOGEN 1B

1 Die Wäscheklammer bemalen und die Motivteile aus Fotokarton ausschneiden.

2 Den Schneemann gemäß Abbildung und Vorlagenbogen zusammenkleben. Beim Schneemann links den rechten Arm so ankleben, dass später noch das Zweigbüschel untergeschoben werden kann. Am Kopf die Nase nur auflegen, das Gesicht mit Bleistift leicht vorzeichnen, mit Filzstift und Buntstift nacharbeiten und erst dann die Nase aufkleben. Auf Schal, Hutband, Stiefel sowie Herz oder Stern mit dem Filzstift Nähte, Linien und Punkte aufzeichnen.

3 Am Unterleib sowie beim Herz-Schneemann an der linken Hand und beim Stern-Schneemann unter dem rechten Arm mit der Vorstechnadel jeweils zwei Löcher für die Stiefel und das Zweigbündel einstechen. Die Stiefel andrahten. Eventuell den Draht nach dem Befestigen am Schneemann noch dreimal um ein Schaschlikstäbchen wickeln, abziehen, etwas dehnen und erst dann am Stiefel fixieren. Die Zweigchen bündeln und mit Draht am Schneemann befestigen.

4 Den Schneemann auf die Klammer kleben. Zuletzt mit dem Borstenpinsel den Strukturschnee auftragen, dabei den Pinsel von vorne nach hinten am Rand abstreifen.

SNOW IS
MY LIFE

Wintersportler

→ Schlittschuhbären und Skihase

MOTIVHÖHE
Eisbären ca. 7 cm und 9 cm
Hase ca. 10 cm

MATERIAL PRO EISBÄR
- Wäscheklammer, 7,5 cm lang
- Fotokarton in Weiß, Rot, Blau, Hellgelb und Schwarz
- Acrylfarbe in Hellblau

HASE
- Wäscheklammer, 7,5 cm lang
- Fotokarton in Ocker und Azurblau
- Acrylfarbe in Rot, Weiß (Ohrinnenflächen) und Azurblau (Skistöcke)
- Strukturschnee
- Chenilledraht in Hellblau, 12 cm lang
- geglühter Blumendraht, ø 0,35 mm, 2 x 5 cm lang (Barthaare)
- 2 Zahnstocher (Skistöcke)
- Chenilledraht in Azurblau, 12 cm lang

VORLAGENBOGEN 1B

Eisbär

1 Die Klammer hellblau bemalen und die Einzelteile aus Fotokarton zuschneiden.

2 Den Bären nach Abbildung und Vorlagenbogen zusammenkleben. Ein Ohr von vorne, eines von hinten anbringen. Auf den Pullover die Flicken kleben. Auf Pullover und Schal mit dem Filzstift Nähte sowie Punkte und kurze Striche aufmalen. Auch das Gesicht und die Innenohren mit Filzstift aufzeichnen.

3 Den Bären und evtl. das Schild auf die Klammer kleben.

Hase

1 Die Klammer rot, die Zahnstocher blau bemalen. Die Einzelteile aus Fotokarton ausschneiden.

2 Am Kopf das Gesicht aufzeichnen und die Ohrinnenflächen weiß ausmalen. Die Löcher für die Barthaare einstechen und die Drahtstücke durchstecken.

3 Jedes Bein auf einen Ski kleben. Die Arme am Pfotenende über eine Kante wölben und die Zahnstocher einkleben. Ein Bein, ein Arm und den Kopf von vorne, das andere Bein und den Arm von hinten an die Klammer kleben. Den Chenilledrahtschal umbinden. Mit dem Borstenpinsel etwas Strukturschnee auftragen.

GUTEN RUTSCH!

Rentiere

→ allesamt rotnasig

MOTIVHÖHE
ca. 12 cm bis 14 cm

MATERIAL PRO RENTIER

- Wäscheklammer, 7,5 cm lang
- evtl. Mini-Wäscheklammer, 2,5 cm lang
- Fotokarton in Grau, Beige, Rot und Grün
- Acrylfarbe in Rot oder Grün
- Strukturschnee
- 2 Wackelaugen, ø 5 mm
- Pompon in Rot, ø 1,5 cm
- evtl. geglühter Blumendraht, ø 0,35 mm, 20 cm (an Geweih) oder 40 cm lang (Schild)

VORLAGENBOGEN 2A

1 Die Klammer bemalen. Die Einzelteile aus Fotokarton zuschneiden.

2 Am Kopf von hinten das Geweih und von vorne die Nase, die Wackelaugen und die Ohrinnenflächen ankleben. Evtl. mit einer kleinen Wäscheklammer einen Stern am Schild befestigen.

3 Den Kopf auf die Wäscheklammer kleben. Mit dem Borstenpinsel etwas Strukturschnee am Geweih und am Schild abstreifen.

4 Für die Sternenkette die Sterne mit der Vorstechnadel lochen, einen Stern aufziehen, den Draht einmal verdrehen, dreimal um ein Schaschlikstäbchen wickeln, abstreifen, etwas dehnen und den nächsten Stern auffädeln etc. Die Sternenkette am Geweih andrahten.

5 Für das Halsschild den langen Draht halb durch die Klammerspirale ziehen, zweimal verdrehen und die Enden um ein Schaschlikstäbchen wickeln, abstreifen, dehnen und an dem mit der Vorstechnadel gelochten Schild einhängen.

BLACK NOSES WANTED
RED NOSES ARE WELCOME

Schneeflöckchen

→ Weißröckchen

MOTIVHÖHE
ca. 9 cm

MATERIAL PRO SCHNEEFLÖCKCHEN
- Wäscheklammer, 7,5 cm lang
- Fotokarton in Hautfarbe und Weiß
- Acrylfarbe in Silber
- Glitter Glue in Silber
- Flowerhair in Silber, 8 cm lang
- Silberdraht, ø 0,4 mm, 10 cm lang
- evtl. geglühter Blumendraht, ø 0,35 mm, 30 cm lang (Schildbefestigung)

VORLAGENBOGEN 2A

1 Die Wäscheklammer silbern bemalen. Die Motivteile auf Karton übertragen und ausschneiden.

2 Das Gesicht mit Bleistift leicht vorzeichnen und mit Filzstift und Buntstift nacharbeiten. In die Stirn mit der Vorstechnadel ein Loch stechen. Mit dem Silberdraht das glatt gezogene Flowerhair in der Mitte zusammenfassen. Ein Drahtende von vorne durch das Loch in der Stirn stecken und auf der Rückseite mit dem anderen Drahtende verdrehen. Die Drahtenden mit dem Seitenschneider kürzen.

3 Den Kopf auf die Klammer kleben. Flügel und Schneekristall mit Glitter Glue verzieren. Beide Teile von vorne bzw. von hinten an die Klammer kleben.

4 Den Draht für das Schild um ein Schaschlikstäbchen wickeln, abstreifen, dehnen und die Enden durch die Löcher im Schildchen (mit der Vorstechnadel gestochen) stecken und umbiegen. An der Klammerspirale befestigen.

Stechpalmen-Blätter

Anleitung Seite 18

MOTIVHÖHE

Einzelblatt ca. 19 cm

Doppelblatt ca. 10 cm

MATERIAL PRO EINZELBLATT

- Wäscheklammer, 4,5 cm lang
- Fotokarton in Grün
- Acrylfarbe in Weiß
- Strukturschnee
- Holzperle in Rot, ø 8 mm (halbieren, Nase)
- 5 Holzperlen in Rot und evtl. 2 Holzperlen in Weiß, ø 8 mm
- Baumwollfaden in Weiß, ø 1 mm, 20 cm lang
- Borstenpinsel

DOPPELBLATT

- Wäscheklammer, 7,5 cm lang
- Fotokarton in Grün, Rot und Weiß (Schild)
- Acrylfarbe in Weiß
- Deko-Stift in Rot
- Holzperle in Rot, ø 6 mm (halbieren, Nasen)
- Holzperlen in 9 x Rot und 4 x Weiß, ø 1 cm
- Blumendraht, ø 0,65 mm, 20 cm lang

VORLAGEN-BOGEN 2A

Stechpalmen-Blätter

→ gar nicht stachelig

Einzelblatt

1 Die Klammer bemalen und das Blatt aus Fotokarton ausschneiden.

2 Mit dem stumpfen Ende eines Schaschlikstäbchens die weißen Augen auf das Blatt tupfen, die Nase aufkleben und das Gesicht aufmalen. Mit dem Buntstift die Wangen röten. Mit dem Borstenpinsel Strukturschnee am Blattrand abstreifen.

3 Den Faden durch die Klammerspirale ziehen und die Perlen auffädeln. Das Blatt auf die Klammer kleben.

Doppelblatt

1 Auf die weiß bemalte Wäscheklammer mit dem Deko-Stift rote Streifen malen. Die Blätter und das Schild aus Fotokarton ausschneiden.

2 Auf die Blätter die halbierten Holzperlen als Nasen kleben. Die Gesichter aufmalen und das Schild beschriften.

3 Ein Ende des Blumendrahtes an der Klammerspirale befestigen, die Holzperlen auffädeln und das Ende umbiegen. Die Blätter und das Schild anbringen.

Rudy und seine Freunde

→ unterstützen den Weihnachtsmann

MOTIVHÖHE
ca. 13 cm

MATERIAL PRO RENTIER

- Wäscheklammer, 7,5 cm lang
- Fotokarton in Grau, Weiß und evtl. Rot
- 4 Rohholzperlen, ø 1,5 cm
- Holzperle in Schwarz oder Rot, ø 6 mm (halbieren, Nase)
- Acrylfarbe in Grau, Schwarz und Weiß
- Baumwollkordel in Weiß, ø 2,5 mm, 2 x 7 cm lang
- evtl. geglühter Blumendraht, ø 0,35 mm, 10 cm lang

VORLAGENBOGEN 2A

1 Die Wäscheklammer grau, die Rohholzperlen schwarz bemalen. Die Einzelteile aus Fotokarton zuschneiden.

2 Am Kopf die Nase und von hinten das Geweih ankleben. Das Gesicht aufmalen. Mit weißer Farbe die Ohrinnenflächen ausmalen. Am Rumpf mit der Lochzange zwei Löcher für die Beinkordel ausstanzen.

3 Den Kopf von vorne, den Rumpf von hinten an die Wäscheklammer kleben. Die Beinkordeln halb durch die Löcher ziehen und auf die Enden jeweils eine Holzperle kleben.

4 Eventuell das beschriftete und mit der Vorstechnadel gelochte Herz andrahten und durch die Klammerspirale ziehen. Die Drahtenden miteinander verdrehen.

RUDY

Wichtel im Walde

→ niedlicher Tischschmuck

MOTIVHÖHE

Tannen ca. 10 cm bis 12 cm

Wichtel ca. 16 cm

MATERIAL PRO TANNE

- Wäscheklammer, 4,5 cm lang
- Fotokarton in Grün, Rot und evtl. Weiß (Schilder)
- Acrylfarbe in Rot und Weiß (Augen)
- Strukturschnee
- evtl. geglühter Blumendraht, ø 0,35 mm, 20 cm lang
- Abstandsklebepads, 5 mm x 5 mm

WICHTEL

- Wäscheklammer, 7,5 cm lang
- Fotokarton in Rot, Hautfarbe, Grün, Gelb und Weiß
- Filz in Rot
- Acrylfarbe in Rot
- 4 Holzperlen in Rot, ø 4 mm (Mütze)
- Holzperle in Rot, ø 6 mm (halbieren, Nase)
- 2 Holzperlen in Rot, ø 8 mm (Handgelenke)
- 2 Marionettenfüße, 1,5 cm x 2 cm
- Papierdraht in Rot, 8 cm (Arme) und 9 cm lang (Beine)
- Faden in Rot, 20 cm lang
- Abacafaser in Schwarz

VOLAGENBOGEN 2A

Tanne

1 Die Wäscheklammer rot anmalen. Die Tanne, die Sterne und evtl. das Schild aus Fotokarton zuschneiden.

2 Auf die Tanne mit weißer Farbe die Augen und mit Filzstift und Buntstift das Gesicht aufmalen (leicht mit Bleistift vorzeichnen).

3 Die Tanne auf die Wäscheklammer kleben. Mit dem Borstenpinsel Strukturschnee an den Zweigen von vorne nach hinten abstreifen. Die Sterne mit Klebepads fixieren.

4 In das beschriftete Schildchen und in die Spitze der kleinen Tanne mit der Vorstechnadel jeweils ein Loch stechen. Den Draht an der Tanne befestigen, dann das lange Drahtende um ein Schaschlikstäbchen wickeln, abstreifen, leicht dehnen und am Schildchen andrahten.

Wichtel

1 Die Klammer rot bemalen. Das Gesicht, die Hände, die Sterne, das Blatt und das Schild aus Fotokarton zuschneiden. Die Blattadern mit Filzstift einzeichnen.

2 Ein Filzstück, 8 cm x 4 cm, auf ein gleich großes Stück roten Fotokarton kleben. Den Umriss der Mützenschablone auf den Fotokarton übertragen. Die Mütze ausschneiden, an den unteren Mützenrand die Abacafaser kleben und mit der Schere kürzen.

3 Auf den Kopf die Nase kleben, das Gesicht aufmalen und die Mütze anbringen. In die Mützenspitze ein Loch stechen und den roten Faden anknoten. Abwechselnd ein Sternchen und eine Perle auffädeln und anknoten. Den Kopf an die Klammer kleben.

4 Den Armdraht durch die Klammerspirale stecken, auf die Enden jeweils eine Holzperle aufstecken und eine Hand ankleben. Auf den Beindraht die Marionettenfüße aufstecken und die Drahtmitte so in die Klammeröffnung kleben, dass sich die Klammer öffnen lässt. Das Blatt an der Hand und der Klammer fixieren.

ENDLICH WINTER
HAPPY WINTER
WINTERZEIT WICHTELZEIT

Mäuschen

→knusper knäuschen

MOTIVHÖHE
ca. 11 cm

MATERIAL PRO MAUS

- Wäscheklammer, 4,5 cm lang
- Fotokarton in Grau, Hellbraun und Elfenbein
- Acrylfarbe in Weiß und Rot oder Grün
- Plusterstift in Schwarz (Nase, Schrift)
- geglühter Blumendraht, ø 0,35 mm, 3 x 4 cm lang
- Abstandsklebepads, 5 mm x 5 mm

VORLAGEN-BOGEN 2B

1 Die Klammer grün oder rot bemalen und weiße Streifen aufmalen. Die Einzelteile des Motivs aus Fotokarton ausschneiden.

2 Den elfenbeinfarbenen Zuckerguss beschriften und auf das Weihnachtsgebäck kleben. Das Gebäck auf den Mäuserumpf kleben. Die Vorderpfoten anbringen.

3 Am Kopf die weißen Wangen und Ohrinnenflächen aufmalen. Mit Filzstift die Augen und mit dem Plusterstift die Nase aufmalen. Die Löcher für die Barthaare mit der Vorstechnadel einstechen und die Drahtstücke durchstecken. Den Kopf mit zwei Klebepads auf den Hals kleben.

4 Das Mäuschen auf die Klammer kleben.

FROHES
FEST

Die Heiligen Drei Könige

→ tolle Geschenkanhänger

MOTIVHÖHE
ca. 8 cm bis 9 cm

MATERIAL

- 3 Wäscheklammern, 7,5 cm lang
- Fotokarton in Weiß, Braun, Ocker und Hautfarbe
- Alukarton in Gold
- Acrylfarbe in Rot, Weiß, Blau und Gold
- Glitter Glue in Gold
- 6 Rohholzperlen, ø 1 cm (Hände)
- 6 Marionettenfüße, 1,5 cm x 2 cm
- Papierdraht in Rot, Blau und Weiß, jeweils 6 cm (Arme) und 8 cm lang (Beine)
- Messingdraht, ø 0,4 mm, 20 cm lang (Sterne)
- Abacafaser in Schwarz

VORLAGENBOGEN 2 B

1 Die Klammern rot, blau und weiß grundieren, die Holzperlen und Marionettenfüße golden bemalen. Die Köpfe, Kopfbedeckungen und Sterne aus Fotokarton und Alukarton zuschneiden.

2 Das goldene Mittelteil vom Turban an den braunen Kopf legen und das weiße Turbanteil (gestrichelte Linie auf dem Vorlagenbogen) aufkleben. An den Kronen von hinten die Abacafaser als Haare ankleben und dann mit der Schere kürzen. Die Kronen auf die Köpfe kleben und die Gesichter aufmalen. Die Augen von Caspar mit dem stumpfen Ende eines Schaschlikstäbchens auftupfen. Turban und Kronen sowie die Sterne und Klammern mit Glitter Glue verzieren.

3 Den Kopf auf die Klammer kleben. Durch die Klammerspirale den Armdraht und den Sterndraht jeweils halb durchstecken. Auf die Enden der Armdrähte jeweils eine Holzperle kleben, die Sterndrahtenden direkt an der Klammerspirale miteinander verdrehen, dann an den Enden jeweils einen Stern befestigen.

4 Auf die Enden des Beindrahtes jeweils einen Marionettenfuß kleben. Die Mitte des Beindrahtes innen an der großen Klammeröffnung so ankleben, dass sich die Klammer noch öffnen lässt.

Schaukelpferde

→ schön nostalgisch

MOTIVHÖHE
ca. 9 cm

MATERIAL PRO SCHAUKEL-PFERD

- Wäscheklammer, 4,5 cm lang
- Fotokarton in Braun und Grün oder Weiß und Rot
- Abacafaser in Natur oder Schwarz, 5 cm (Mähne) und 7 cm lang (Schwanz)
- geglühter Blumendraht, ø 0,35 mm, 10 x 10 cm lang
- Baumwollfaden in Grün oder Rot, ø 1 mm, 20 cm lang

VORLAGENBOGEN 2B

1 Die Einzelteile aus Fotokarton zuschneiden. Mit der Vorstechnadel an den markierten Stellen Löcher einstechen.

2 Am Pferd die Ohren (eins von vorne, eins von hinten), den Sattel und die Schaukelkufen ankleben. Gesicht, Sattelgurt und Muster mit Filzstift aufzeichnen.

3 Für Mähne bzw. Schwanz ein Abacafaserbüschel in der Mitte mit einem Drahtstück zusammenfassen, das Faserbüschel an der Bindestelle knicken und nach 5 mm mit einem zweiten Drahtstück zweimal umschlingen. Die Drahtenden miteinander verdrehen und kürzen. Nun ein Drahtende vom ersten Drahtstück durch ein Loch an Kopf, Hals oder Hinterteil stecken und auf der Rückseite mit dem anderen Drahtende verdrehen und kürzen.

4 Den Baumwollfaden als Halfter um den Kopf legen, an der Unterseite verknoten, die Fadenenden zum Sattel hin spannen und hinter bzw. über dem Sattel miteinander verknoten.

5 Das Pferdchen auf die Wäscheklammer kleben.

Glänzende Engelchen

→ zaubern festliche Stimmung

MOTIVHÖHE
ca. 8 cm bis 12 cm

MATERIAL PRO GOLDENGEL

- Wäscheklammer, 7,5 cm lang
- Fotokarton in Hautfarbe
- Alukarton in Gold
- Acrylfarbe in Gold
- Glitter Glue in Gold
- Lurexkordel in Gold, ø 1 mm, ca. 30 x 9 cm lang
- Messingdraht, ø 0,4 mm, 20 cm und 40 cm lang

SILBERENGEL

- Wäscheklammer, 7,5 cm lang
- Fotokarton in Hautfarbe und Weiß
- Alukarton in Gold
- Acrylfarbe in Weiß
- Glitter Glue in Silber und Gold
- Silberdraht, ø 0,35 mm, 10 cm lang
- Lurexkordel in Silber, ø 1 mm, ca. 50 x 8 cm lang

VORLAGENBOGEN 2 B

Goldengel

1 Die Klammer golden bemalen. Gesicht, Flügel und Sterne aus Karton zuschneiden. In die Sterne mit der Vorstechnadel ein Loch bohren.

2 Auf den Kopf das Gesicht aufmalen und mit der Vorstechnadel ein Loch in die Stirn stechen. Mit dem 20 cm langen Drahtstück die Lurexkordeln in der Mitte bündeln, ein Drahtende von vorne durch das Loch in der Stirn stecken und auf der Rückseite mit dem anderen Drahtende verdrehen.

3 Durch die Klammerspirale das lange Drahtstück mittig durchziehen. Ein Ende bis zur Hälfte über ein Schaschlikstäbchen zur Spirale winden, einen Stern andrahten, das restliche Stück ebenfalls kräuseln und noch einen Stern andrahten. Die Spiralen etwas auseinander dehnen und mit der anderen Seite ebenso verfahren.

4 Die Wäscheklammer, die Sterne und die Flügel mit Glitter Glue verzieren. Den Kopf und die Flügel an die Klammer kleben.

Silberengel

1 Gesicht, Flügel und Stern aus Karton ausschneiden. Die Klammer weiß bemalen. Auf Klammer, Flügel und Stern Glitter Glue in der entsprechenden Farbe auftragen.

2 Die Lurexkordeln 2,5 cm von einem Ende entfernt mit dem Draht fest und doppelt umwickeln, die Enden doppelt verdrehen, dann ein Drahtende von vorne durch das Loch (mit der Vorstechnadel gestochen) in der Stirn stecken und auf der Rückseite mit dem anderen Drahtende verdrehen. Die Drahtenden kürzen. Die Haare scheiteln und teilweise am Kopf ankleben. Das Gesicht aufmalen.

3 Den Stern über die Bindestelle an den Haaren kleben. Die Flügel und den Kopf an die Klammer kleben.

MERRY
X-MAS

Handschuhe und Herzen

→ kalte Hände, warmes Herz

MOTIVHÖHE
ca. 6 cm bis 13 cm

MATERIAL PRO MOTIV

- Wäscheklammer, 4,5 cm oder 7,5 cm lang
- Fotokarton in Rot, Grün und Weiß
- Acrylfarbe in Weiß
- Strukturschnee
- evtl. geglühter Blumendraht, ø 0,35 mm, 2 x 20 cm lang
- evtl. Bohrer, ø 1 mm

VORLAGENBOGEN 2B

1 Die Klammer weiß bemalen. Die Motivteile aus Fotokarton zuschneiden und zusammenkleben.

2 Die Gesichter mit Bleistift leicht vorzeichnen und mit feinem Filzstift und Buntstift nacharbeiten. Die Schilder beschriften.

3 Für die Klammer mit Herz und Handschuh die Wäscheklammer an beiden Enden durchbohren. An beiden Löchern jeweils einen Draht fixieren. Das lange Drahtende um ein Schaschlikstäbchen wickeln, abziehen, dehnen und am Schild (mit der Vorstechnadel Löcher einstechen) einhängen.

4 Die Motive auf die Klammer kleben. Mit dem Borstenpinsel Strukturschnee am oberen Rand von Herz, Handschuh, Klammer und Schild abstreifen.

MOTIVHÖHE
ca. 11 cm

MATERIAL PRO SCHNEEMANN

- Wäscheklammer, 7,5 cm lang
- Holzperle in Orange, ø 6 mm (halbieren, Nase)
- 2 Holzperlen in Schwarz , ø 6 mm (halbieren, Knöpfe)
- Fotokarton in Weiß und Schwarz sowie Braun oder Hellbraun und Grün (Schildchen)
- Acrylfarbe in Weiß
- evtl. Strukturschnee
- Abacafaser in Gelb oder Braun
- Filz in Rot oder Grün

VORLAGENBOGEN 2B

Schneemänner mit Filzschals

→ ganz vergnügt

Abbildung auch auf Seite 32

1 Die Klammer weiß bemalen und die Einzelteile aus Fotokarton ausschneiden.

2 Am Hut das Hutband aufkleben und die Nähte und Flicken aufmalen. Von hinten die Abacafaser als Haare ankleben und mit der Schere kürzen. Am Kopf zuerst die Nase ankleben, dann das Gesicht aufmalen und den Hut aufsetzen.

3 Den Kopf auf die Klammer kleben, den Schal (15 cm x 1,5 cm) an den Enden fransig einschneiden und umbinden. Darunter die Knöpfe kleben. Den Rumpf von hinten ankleben. Zuletzt evtl. das Schildchen aufkleben.

DIESES BUCH ENTHÄLT 2 VORLAGENBOGEN

IMPRESSUM

FOTOS: frechverlag GmbH, 70499 Stuttgart; Fotostudio Ullrich & Co., Renningen
DRUCK: frechdruck GmbH, 70499 Stuttgart

Auflage: 5. 4. 3. 2. 1.
Jahr: 2008 2007 2006 2005 2004 [Letzte Zahlen maßgebend]

ISBN 3-7724-3299-9
Best.-Nr. 3299